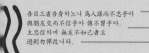

吾日三省吾身하노니 爲人謀而不忠乎아
與朋友交而不信乎아 傳不習乎아.
主忠信하며 無友不如己者요
過則勿憚改니라.

先行其言이요 而後從之니라.
溫故而知新이면 可以爲師矣니라.

君子는 周而不比하고 小人은 比而不周니라.
學而不思則罔하고 思而不學則殆니라.

放於利而行이면 多怨이니라.
君子는 喩於義하고 小人은 喩於利니라.
見賢思齊焉하며
見不賢而內自省也니라.

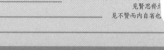

吾十有五而志于學하고
三十而立하고 四十而不惑하고
五十而知天命하고 六十而耳順하고
七十而從心所欲하여 不踰矩하라.

不仁者는 不可以久處約이며
不可以長處樂이니
仁者는 安仁하고 知者는 利仁이니라.

巧言令色足恭을 左丘明恥之하니
丘亦恥之하노라.
匿怨而友其人을 左丘明恥之하니
丘亦恥之하노라.

惟仁者이 能好人하며 能惡人이니라.
朝聞道면 夕死可矣니라.
君子는 懷德하고 小人은 懷土하며
君子는 懷刑하며 小人은 懷惠니라.

인성교육을 위한
청소년 인문학 글쓰기

논어
필사노트

공자 원저 | 시사정보연구원 편저

시사패스
SISAPASS.COM

인성교육을 위한 청소년 인문학 글쓰기

論語 논어 필사노트

8쇄 발행   2024년 3월 26일

원저자   공자
편저자   시사정보연구원
발행인   권윤삼
발행처   도서출판 산수야

등록번호   제1-1515호
주소   서울시 마포구 월드컵로 165-4
우편번호   03962
전화   02-332-9655
팩스   02-335-0674

ISBN 978-89-8097-403-0   43190

인성교육을 위한 청소년 인문학의 보고 『논어』

요즘 인성교육이란 말을 흔히 듣습니다. 건전하고 올바른 인성을 갖춘 시민을 육성하여 국가 사회의 발전에 이바지함을 목적으로 하는 인성교육법이 시행되고 있기 때문이기도 합니다.

교육현장에서 강조하고 있는 인성교육이란 무엇을 말하는 것일까요?

인성교육이란 자신의 내면을 가꾸고 타인이나 공동체와 더불어 살아가는 데 필요한 역량을 기르는 교육을 말해요. 즉, 우리 내면에 살아 있는 양심을 온전히 계발하여, 언제 어디서나 당면한 문제를 적극적으로 해결하는 '양심적 리더' 를 키워 내는 것이지요.

인간은 기본적으로 양심과 욕심을 타고납니다. 우리는 양심을 갖고 태어나기 때문에 타인의 마음에 공감할 수 있고, 잘못된 것을 보면 부당하다고 여기며, 옳고 그름을 판단하고, 무엇이 무례한지, 무엇이 아름다운지를 파악할 수 있습니다. 이런 능력은 우리의 내면에 내재되어 있다가 적정한 나이가 되면 드러납니다.

"양심의 명령을 따르는 것이 최고의 인성교육이다." 라고 합니다. 이 말이 대변하듯이 우리는 인문학의 지혜를 통해 '양심적 리더' 로 성장할 수 있답니다. 우리가 인문학을 공부하는 것은 우리의 내면에 내재되어 있는 양심을 계발하기 위해서지요.

인성교육을 의무로 규정한 인성교육진흥법이 실행되었습니다. 왜 인성교육법이 만들어졌을까요? 왜 우리 사회의 중요한 화두가 되었을까요? 우리 주변, 사회 곳곳에서 일어나고 있는 폐해가 인성교육의 부재에서 나온다는 결론에 다다른 것입니다. 학생들은 집단 따돌림과 폭력에 시달리다가 극단적인 선택을 하게 되는 일들이 종종 발생합니다.

모든 관심사들이 대학을 목표로 오로지 공부만 중요시했기 때문이며, 인성교육을 소홀히 했다는 자성의 목소리가 나오면서 인성교육의 필요성이 대두된 것입니다.

내가 무엇을 좋아하고 잘하는지, 어떤 것에 흥미가 있는지, 어떤 삶을 꿈꾸는지, 어떤 사람이 되기를 원하는지 등을 구체적으로 탐구하면서 자신을 되돌아볼 시간이 필요합니다. 자신이 진정으로 원하는 삶과 꿈을 찾기 위해서는 무엇보다 자신을 먼저 알아야 합니다. 자신을 알아가는 과정이 바로 인성교육의 첫걸음이기도 하지요. 타고난 양심을 제대로 계발하려면 학습이 필요합니다. 교과과정에서 깊이 있게 배울 수 없는 것들을 탐구하고 학습하는 것이 필요하지요. 우리의 내면을 알게 하고 생각을 깊고 넓게 하는 학문 중 대표적인 것이 바로 인문학입니다. 널리 쓰이고 있는 문사철(文史哲)이란 문학, 역사, 철학을 아울러 이르는 말로 인문학이라고 분류되는 대표 학문을 말하며, 지성인이 기본적으로 갖추어야 하는 교양을 의미합니다.

청소년들의 인문학적 소양을 갖추기 위해 본사는 인성교육을 위한 청소년 인문학 글쓰기 논어 필사노트를 출간하게 되었습니다. 논어는 공자와 그 제자들의 언행이 담긴 어록이랍니다. 유가의 입문서이자 경전 중의 경전이라 일컬어지는 논어는 공자의 제자들에 의해 세상에 나온 이후부터 오늘에 이르기까지 다양한 사람들이 가까이에 두고 읽고 또 읽으며 늘 간직하는 책으로 자리매김하고 있습니다.

이 책은 논어의 내용 중에서 청소년들에게 꼭 필요하고 중요한 것들을 가려 뽑아서 한자와 한글을 쓰면서 익힐 수 있도록 기획했답니다. 인문학의 중심이 되는 골자, 또는 요점이라고 불리는 내용들을 손으로 쓰면서 마음에 새길 수 있도록 만들었기 때문에 깊은 사고와 함께 바르고 예쁜 글씨도 덤으로 익힐 수 있어요. 옛 성인들의 말씀을 통하여 지식에 대한 흥미, 사회에 대한 흥미, 자신의 미래, 인간에 대한 이해와 통찰을 배우기를 희망합니다. 마음의 양식을 오랫동안 기억할 수 있도록 편집했으니 꼭 활용하여 내 것으로 만들어 보세요.

★ 차례

★ 한자의 형성 원리

1. 상형문자(象形文字) : 사물의 모양과 형태를 본뜬 글자

☼ → ⊙ → 日 → 日			날 일(해의 모양)
→ 月 → 月 → 月			달 월(달의 모양)
→ → → 子			아들 자(아들의 모양)
👁 → → 日 → 目			눈 목(눈의 모양)

2. 지사문자(指事文字) : 사물의 모양으로 나타낼 수 없는 뜻을 점이나 선 또는
부호로 나타낸 글자

∴ → 上 → 上 → 上			위 상(위를 뜻함)
⊕ → ⊕ → 申 → 中			가운데 중(가운데를 뜻함)
⊤ → 丁 → 丂 → 下			아래 하(아래를 뜻함)
木 → 木 → 本 → 本			근본 본(뿌리를 뜻함)

3. **회의문자**(會意文字) : 이미 만들어진 글자를 2개 이상 합한 글자

人(사람 인) + 言(말씀 언) = 信(믿을 신) : 사람의 말은 믿는다.

田(밭 전) + 力(힘 력) = 男(사내 남) : 밭에서 힘써 일하는 사람.

日(날 일) + 月(달 월) = 明(밝을 명) : 해와 달이 밝다.

人(사람 인) + 木(나무 목) = 休(쉴 휴) : 사람이 나무 아래서 쉬다.

4. **형성문자**(形聲文字) : 뜻을 나타내는 부분과 음을 나타내는 부분을 합한 글자

口(큰입 구) + 未(아닐 미) = 味(맛볼 미)　　左意右音 좌의우음

工(장인 공) + 力(힘 력) = 功(공 공)　　右意左音 우의좌음

田(밭 전) + 介(끼일 개) = 界(지경 계)　　上意下音 상의하음

相(서로 상) + 心(마음 심) = 想(생각 상)　　下意上音 하의상음

口(큰입 구) + 古(옛 고) = 固(굳을 고)　　外意內音 외의내음

門(문 문) + 口(입 구) = 問(물을 문)　　內意外音 내의외음

5. **전주문자**(轉注文字) : 있는 글자에 그 소리와 뜻을 다르게 굴리고(轉)
　　　　　　　　　　　　끌어내어(注) 만든 글자

樂(풍류 악) → (즐길 락 · 좋아할 요)　　예) 音樂(음악), 娛樂(오락)

惡(악할 악) → (미워할 오)　　예) 善惡(선악), 憎惡(증오)

長(긴 장) → (어른 · 우두머리 장)　　예) 長短(장단), 課長(과장)

6. **가차문자**(假借文字) : 본 뜻과 관계없이 음만 빌어 쓰는 글자를 말하며 한자의 조사,
　　　　　　　　　　　　동물의 울음소리, 외래어를 한자로 표기할 때 쓰인다.

東天紅(동천홍) → 닭의 울음소리

然(그럴 연) → 그러나(한자의 조사)

亞米利加(아미리가) → America(아메리카)

可口可樂(가구가락) → Cocacola(코카콜라)

弗(불) → $(달러, 글자 모양이 유사함)

伊太利(이태리) → Italy(이탈리아)

亞細亞(아세아) → Asia(아세아)

★ 한자 쓰기의 기본 원칙

1. 위에서 아래로 쓴다.
   言(말씀 언) → ` 二 三 三 言 言 言
   雲(구름 운) → ` ㄷ ㄷ 币 币 雫 雫 雲 雲 雲 雲

2. 왼쪽에서 오른쪽으로 쓴다.
   江(강 강) → ` ` 氵 沪 汇 江 江
   例(법식 예) → ノ イ 亻 伃 佇 佇 例 例

3. 가로획과 세로획이 겹칠 때는 가로획을 먼저 쓴다.
   用(쓸 용) →) 冂 月 月 用
   共(함께 공) → 一 十 廿 出 共 共

4. 삐침과 파임이 만날 때는 삐침을 먼저 쓴다.
   人(사람 인) → ノ 人
   文(글월 문) → ` 二 才 文

5. 좌우가 대칭될 때에는 가운데를 먼저 쓴다.
   小(작을 소) →) 小 小
   承(받들 승) → ㄱ 了 了 手 手 承 承 承

6. 둘러 싼 모양으로 된 자는 바깥쪽을 먼저 쓴다.
   同(같을 동) →) 冂 冂 同 同 同
   病(병날 병) → ` 二 广 广 疒 疒 疒 病 病 病

7. 글자를 가로지르는 가로획은 나중에 긋는다.
   女(여자 녀) → く 女 女
   母(어미 모) → く 및 및 및 母

8. 글자 전체를 꿰뚫는 세로획은 나중에 쓴다.
   車(수레 거) → 一 厂 门 百 百 亘 車
   事(일 사) → 一 亅 冖 曱 曱 亨 亨 事

9. 책받침(辶, 廴)은 나중에 쓴다

近(원근 근) → ' ' ' ' ' ' ' ' ' ' ' 近

建(세울 건) → ' ' ' ' ' ' ' ' ' ' ' 建

10. 오른쪽 위에 점이 있는 글자는 그 점을 나중에 찍는다.

犬(개 견) → 一 ナ 大 犬

成(이룰 성) →) 厂 厂 厅 成 成 成

■ 한자의 기본 점(點)과 획(劃)

　(1) 점

　　① 「╯」: 왼점　　　　　② 「╲」: 오른점

　　③ 「↓」: 오른 치킴　　④ 「╱」: 오른점 삐침

　(2) 직선

　　⑤ 「一」: 가로긋기　　⑥ 「｜」: 내리긋기

　　⑦ 「→」: 평갈고리　　⑧ 「亅」: 왼 갈고리

　　⑨ 「↙」: 오른 갈고리

　(3) 곡선

　　⑩ 「丿」: 삐침　　　　⑪ 「╱」: 치킴

　　⑫ 「╲」: 파임　　　　⑬ 「辶」: 받침

　　⑭ 「亅」: 굽은 갈고리　⑮ 「乀」: 지게다리

　　⑯ 「乚」: 누운 지게다리　⑰ 「乚」: 새가슴

少②	火④	主⑤	伸⑥	揮⑦	表⑨
冷⑩⑪⑫	送⑬	乎⑭	式⑮	忠⑯	兄⑰

9

청소년 인성교육 논어 필사노트
이렇게 활용하세요!

* 논어는 인문학 최고의 지침서로 꼽는 책입니다. 『사서오경』 중 첫 번째 책으로 꼽히며, 인문학 최고의 지침서로 인정받는 책이 바로 『논어』랍니다. 삶을 통찰하는 최고의 책으로 손꼽히니 여러분의 마음에 새겨서 자신의 것으로 만드는 것이 무엇보다 중요하답니다. 마음에 새겨 놓으면 어떤 일이 닥쳐왔을 때 지혜를 발휘할 수 있기 때문이지요.

* 매일매일 논어 문장을 하나씩 소리 내어 익혀봅시다. 스스로 학습 시간을 정해서 논어의 문장을 소리 내어 읽고 직접 손으로 쓰면서 마음에 새기도록 합니다. 우리의 생활에 꼭 필요한 내용들을 담고 있기 때문에 내면이 바르고 성숙한 인격체로 성장할 수 있도록 도와줍니다.

* 두뇌 발달과 사고력 증가, 집중력 강화에 좋아요. 우리의 뇌에는 손과 연결된 신경세포가 가장 많습니다. 손가락을 많이 움직이면 뇌세포가 자극을 받아 두뇌 발달을 돕게 됩니다. 어르신들의 치료와 질병 예방을 위해 손가락 운동을 권장하는 것도 뇌를 활성화시키기 위해서랍니다. 많은 연구자들의 결과가 증명하듯 글씨를 쓰면서 학습하면 우리의 뇌가 활성화되고 기억력이 증진되어 학습효과가 월등히 좋아진답니다.

* 혼자서도 맵시 있고, 단정하고, 예쁘고 바른 글씨체를 익힐 수 있습니다. 논어의 문장을 쓰다 보면 삐뚤빼뚤하던 글씨가 가지런하고 예쁜 글씨로 바뀌게 된답니다. 글씨는 예부터 인격을 대변한다고 하잖아요. 명언을 익히면서 가장 효율적인 학습효과를 내는 스스로 학습하는 힘을 길러줌과 동시에 단정하고 예쁜 글씨를 쓸 수 있도록 이끌어 줄 거예요.

吾日三省吾身하노니 爲人謀而不忠乎아
與朋友交而不信乎아 傳不習乎아.
主忠信하며 無友不如己者요
過則勿憚改니라.

君子는 周而不比하고 小人은 比而不周니라.
學而不思則罔하고 思而不學則殆니라.

先行其言이요 而後從之니라.
溫故而知新이면 可以爲師矣니라.
君子는 不器니라.

放於利而行이면 多怨이니라.
君子는 喩於義하고 小人은 喩於利니라.
見賢思齊焉하며
見不賢而內自省也니라.

吾十有五而志于學하고
三十而立하고 四十而不惑하고
五十而知天命하고 六十而耳順하고
七十而從心所欲하여 不踰矩니라.

巧言令色足恭을 左丘明恥之하니
丘亦恥之하노라.
匿怨而友其人을 左丘明恥之하니
丘亦恥之하노라.

學而篇
학이편

不仁者는 不可以久處約이며
不可以長處樂이니
仁者는 安仁하고 知者는 利仁이니라.

惟仁者能好人하며 能惡人이니라.
朝聞道면 夕死可矣니라.
君子는 懷德하고 小人은 懷土하며
君子는 懷刑하며 小人은 懷惠니라.

學而時習之면 不亦說乎아.
학 이 시 습 지 불 역 열 호

有朋이 自遠方來면 不亦樂乎아.
유 붕 자 원 방 래 불 역 락 호

人不知而不慍이면 不亦君子乎아.
인 부 지 이 불 온 불 역 군 자 호

배우고 때때로 이를 익히면 또한 기쁘지 아니한가. 벗이 있어 먼 곳으로부터 찾아오면 또한 즐겁지 아니한가. 남들이 알아주지 않아도 화내지 않으면 또한 군자가 아니겠는가.

學	而	時	習	之	不	亦	說	乎	有
배울 학	말 이을 이	때 시	익힐 습	갈 지	아닐 불	또 역	기뻐할 열	어조사 호	있을 유

朋	自	遠	方	來	不	亦	樂	乎	人
벗 붕	스스로 자	멀 원	보 방	올 래	아닐 불	또 역	즐거울 락	어조사 호	사람 인

不	知	而	不	慍	不	亦	君	子	乎
아닐 부	알 지	말 이을 이	아닐 불	성낼 온	아닐 불	또 역	임금 군	아들 자	어조사 호

巧言令色이 鮮矣仁이니라.
교 언 영 색   선 의 인

아첨하는 말과 거짓으로 낯빛을 선한 척하는 사람 중에는 어진 사람이
드물다.

巧	言	令	色	鮮	矣	仁			
공교할 교	말씀 언	하여금 영	빛 색	고울 선	어조사 의	어질 인			

간담상조(肝膽相照)
간과 쓸개를 내놓고 서로에게 내보인다는 뜻으로, 서로 마음을 털어놓고 친하게 사귐을
말함.

吾日三省吾身하노니 爲人謀而不忠乎아
오 일 삼 성 오 신   위 인 모 이 불 충 호
與朋友交而不信乎아 傳不習乎아.
여 붕 우 교 이 불 신 호   전 불 습 호

나는 날마다 세 가지 일로 자신을 반성한다. 남을 위해서 일을 하는 데 정성을 다하였는가? 친구를 사귀는 데 신의를 다하였는가? 스승에게 배운 것을 익혀서 실천하였는가?

吾	日	三	省	吾	身	爲	人	謀	而
나 오	날 일	석 삼	살필 성	나 오	몸 신	할 위	사람 인	꾀 모	말 이을 이

不	忠	乎	與	朋	友	交	而	不	信
아닐 불	충성 충	어조사 호	더불 여	벗 붕	벗 우	사귈 교	말 이을 이	아닐 불	믿을 신

乎	傳	不	習	乎					
어조사 호	전할 전	아닐 불	익힐 습	어조사 호					

主忠信하며 無友不如己者요
주 충 신   무 우 불 여 기 자

過則勿憚改니라.
과 즉 물 탄 개

충성과 신의를 주로 하며, 자기보다 못한 자를 친구로 삼지 말며, 허물이 있으면 망설이지 말고 즉시 고쳐라.

主	忠	信	無	友	不	如	己	者	過
주인 주	충성 충	믿을 신	없을 무	벗 우	아닐 불	같을 여	몸 기	놈 자	지날 과

則	勿	憚	改						
곧 즉	말 물	꺼릴 탄	고칠 개						

不患人不知己요 患不知人也니라.
불 환 인 부 지 기 환 부 지 인 야

남들이 나를 알아주지 않음을 걱정하지 말고 내가 남을 제대로 알지 못함을 걱정하라.

不	患	人	不	知	己	患	不	知	人	也
아닐 불	근심 환	사람 인	아닐 부	알 지	몸 기	근심 환	아닐 부	알 지	사람 인	어조사 야

공자께서 말씀하셨다.
"배우는 젊은이는 집에 오면 부모에게 효도하고 밖에서는 어른들에게 공손하며, 언행을 성실하고 미덥게 해야 하며 널리 사람들을 사랑하되 특히 어진 사람들과 가까이 지내야 한다. 이렇게 하고도 남은 힘이 있으면 글을 배워야 한다."

— 논어 학이편

吾日三省吾身하노니 爲人謀而不忠乎아
與朋友交而不信乎아 傳不習乎아.
主忠信하며 無友不如己者요
過則勿憚改니라.

君子는 周而不比하고 小人은 比而不周니라.
學而不思則罔하고 思而不學則殆니라.

放於利而行이면 多怨이니라.
君子는 喩於義하고 小人은 喩於利니라.
見賢思齊焉하며
見不賢而內自省也니라.

先行其言이요 而後從之니라.
溫故而知新이면 可以爲師矣니라.
君子는 不器니라.

吾十有五而志于學하고
三十而立하고 四十而不惑하고
五十而知天命하고 六十而耳順하고
七十而從心所欲하여 不踰矩하라.

不仁者는 不可以久處約이며
不可以長處樂이니
仁者는 安仁하고 知者는 利仁이니라.

巧言令色足恭을 左丘明恥之하니
丘亦恥之하노라.
匿怨而友其人을 左丘明恥之하니
丘亦恥之하노라.

惟仁者이 能好人하며 能惡人이니라.
朝聞道면 夕死可矣니라.
君子는 懷德하고 小人은 懷土하며
君子는 懷刑하며 小人은 懷惠니라.

爲政篇
위정편

吾十有五而志于學하고
오 십 유 오 이 지 우 학

三十而立하고 四十而不惑하고
삼 십 이 립 사 십 이 불 혹

五十而知天命하고 六十而耳順하고
오 십 이 지 천 명 육 십 이 이 순

七十而從心所欲하여 不踰矩하라.
칠 십 이 종 심 소 욕 불 유 구

吾	十	有	五	而	志	于	學	三	十
나 오	열 십	있을 유	다섯 오	말 이을 이	뜻 지	어조사 우	배울 학	석 삼	열 십
而	立	四	十	而	不	惑	五	十	而
말 이을 이	설 립	넉 사	열 십	말 이을 이	아닐 불	미혹할 혹	다섯 오	열 십	말 이을 이
知	天	命	六	十	而	耳	順	七	十
알 지	하늘 천	목숨 명	여섯 육	열 십	말 이을 이	귀 이	순할 순	일곱 칠	열 십
而	從	心	所	欲	不	踰	矩		
말 이을 이	좇을 종	마음 심	바 소	하고자할 욕	아닐 불	넘을 유	모날 구		

나는 열다섯 살에 학문에 뜻을 두었고, 서른 살에 스스로 섰고, 마흔 살에는 미혹되지 않았고, 쉰 살에는 하늘이 내게 주신 사명을 알았고, 예순 살에는 귀로 듣는 것을 모두 이해할 수 있게 되었고, 일흔 살에는 하고 싶은 대로 해도 법도에 어긋남이 없었다.

나이를 나타내는 한자

15세 - 지학(志學)	61세 - 환갑(還甲), 회갑(回甲)
20세 - 약관(弱冠)	70세 - 고희(古稀), 종심(從心)
30세 - 이립(而立)	77세 - 희수(喜壽)
40세 - 불혹(不惑)	88세 - 미수(米壽)
50세 - 지천명(知天命), 지명(知命)	99세 - 백수(白壽)
60세 - 이순(耳順)	100세 - 상수(上壽)

溫故而知新이면 可以爲師矣니라.
온 고 이 지 신　　　가 이 위 사 의

옛것을 익히고 그것을 미루어서 새것을 알면, 능히 스승이 될 수 있다.

溫	故	而	知	新	可	以	爲	師	矣
따뜻할 온	연고 고	말 이을 이	알 지	새 신	옳을 가	써 이	할 위	스승 사	어조사 의

관포지교(管鮑之交)
관중과 포숙처럼 친구 사이가 다정함을 이르는 말로, 친구 사이의 매우 다정하고 허물없는 교제나 우정이 아주 돈독한 친구 관계, 허물없는 친구 사이를 이르는 말.

君子는 不器니라.
군 자   불 기

군자는 용도가 한정된 그릇이 아니다.

君	子	不	器						
임금 군	아들 자	아닐 불	그릇 기						

유자가 말하였다.
"믿음이 의로움에 가깝다면 말을 실천할 수 있으며, 공손이 예에 가까우면 치욕스런 일은 멀리할 수 있다. 남에게 의지하되 친함을 잃지 않는 사람이라야 존경하고 섬길 수 있다."

— 논어 학이편

先行其言이요 而後從之니라.
선 행 기 언   이 후 종 지

말하고자 하는 바를 먼저 실천하고, 그 후에 말이 따라가야 한다.

先	行	其	言	而	後	從	之		
먼저 선	다닐 행	그 기	말씀 언	말 이을 이	뒤 후	좇을 종	갈 지		

자유가 효에 대해서 묻자 공자께서 말씀하셨다.
"요즘에는 효를 단지 물질적으로 봉양하는 것으로만 생각하지만, 개나 말도 키워주고 있는데 부모를 존경하지 않는다면 무엇이 다르겠는가?"

— 논어 위정편

君子는 周而不比하고
군자　　주이불비

小人은 比而不周니라.
소인　　비이부주

군자는 두루 통하므로 한편에 치우치지 않고, 소인은 한편에 치우치므로 두루 통하지 못한다.

君	子	周	而	不	比	小	人	比	而
임금 군	아들 자	두루 주	말 이을 이	아닐 불	견줄 비	작을 소	사람 인	견줄 비	말 이을 이
不	周								
아닐 부	두루 주								

學而不思則罔하고 思而不學則殆니라.
학 이 불 사 즉 망   사 이 불 학 즉 태

배우기만 하고 생각하지 아니하면 아는 것이 없고, 생각만 하되 배우지
아니하면 위태롭다.

學	而	不	思	則	罔	思	而	不	學
배울 학	말 이을 이	아닐 불	생각 사	곧 즉	없을 망	생각 사	말 이을 이	아닐 불	배울 학
則	殆								
곧 즉	위태할 태								

吾日三省吾身하노니 爲人謀而不忠乎아
與朋友交而不信乎아 傳不習乎아.
主忠信하며 無友不如己者오
過則勿憚改니라.

君子는 周而不比하고 小人은 比而不周니라.
學而不思則罔하고 思而不學則殆니라.

先行其言이오 而後從之니라.
溫故而知新이면 可以爲師矣니라.
君子는 不器니라.

放於利而行이면 多怨이니라.
君子는 喩於義하고 小人은 喩於利니라.
見賢思齊焉하며
見不賢而內自省也니라.

吾十有五而志于學하고
三十而立하고 四十而不惑하고
五十而知天命하고 六十而耳順하고
七十而從心所欲하여 不踰矩하라.

不仁者는 不可以久處約이며
不可以長處樂이니
仁者는 安仁하고 知者는 利仁이니라.

巧言令色足恭을 左丘明恥之하니
丘亦恥之하노라.
匿怨而友其人을 左丘明恥之하니
丘亦恥之하노라.

惟仁者이 能好人하며 能惡人이니라.
朝聞道면 夕死可矣니라.
君子는 懷德하고 小人은 懷土하며
君子는 懷刑하며 小人은 懷惠니라.

里仁篇
이인편

不仁者는 不可以久處約이며
불 인 자 불 가 이 구 처 약

不可以長處樂이니
불 가 이 장 처 락

仁者는 安仁하고 知者는 利仁이니라.
인 자 안 인 지 자 이 인

마음이 어질지 못한 사람은 오랜 역경을 이겨내지 못하고, 또 오랫동안 안락하게 지내지도 못한다. 어진 사람은 인에 안주하고 지혜로운 사람은 인을 이롭게 여긴다.

不	仁	者	不	可	以	久	處	約	不
아닐 불	어질 인	놈 자	아닐 불	옳을 가	써 이	오랠 구	곳 처	맺을 약	아닐 불
可	以	長	處	樂	仁	者	安	仁	知
옳을 가	써 이	길 장	곳 처	즐길 락	어질 인	놈 자	편안 안	어질 인	알 지
者	利	仁							
놈 자	이로울 이	어질 인							

惟仁者이 能好人하며 能惡人이니라.
유 인 자   능 호 인   능 오 인

오직 어진 사람만이 사람을 사랑할 줄도 알고, 또한 미워할 줄도 안다.

惟	仁	者	能	好	人	能	惡	人	
생각할 유	어질 인	놈 자	능할 능	좋을 호	사람 인	능할 능	미워할 오	사람 인	

금란지교(金蘭之交)
단단하기가 황금과 같고 아름답기가 난초 향기와 같은 사귐이라는 뜻으로, 두 사람 간에 서로 마음이 맞고 교분이 두터워서 아무리 어려운 일이라도 해 나갈 만큼 우정이 깊은 사귐을 이르는 말.

朝聞道면 夕死可矣니라.
조 문 도　석 사 가 의

아침에 도를 깨달으면 저녁에 죽어도 좋다.

朝	聞	道	夕	死	可	矣			
아침 조	들을 문	도리 도	저녁 석	죽을 사	옳을 가	어조사 의			

자장이 벼슬을 얻는 방법을 배우려 하자 공자께서 말씀하셨다.
"많이 듣되 의아스러운 것은 제외하고 그 나머지를 신중히 말하면 허물이 적고, 많이 보되 미심쩍은 것은 제외하고 나머지를 신중히 행하면 후회하는 일이 적을 것이니 말에 허물이 적고, 행동에 후회가 적으면 벼슬은 그 가운데 있다."
― 논어 위정편

君子는 懷德하고 小人은 懷土하며
군 자   회 덕   소 인   회 토
君子는 懷刑하며 小人은 懷惠니라.
군 자   회 형   소 인   회 혜

군자는 덕을 생각하고 소인은 땅을 생각하며, 군자는 형벌을 생각하고
소인은 은혜만 생각한다.

君	子	懷	德	小	人	懷	土	君	子
임금 군	아들 자	품을 회	덕 덕	작을 소	사람 인	품을 회	흙 토	임금 군	아들 자

懷	刑	小	人	懷	惠				
품을 회	형벌 형	작을 소	사람 인	품을 회	은혜 혜				

放於利而行이면 多怨이니라.
방 어 리 이 행　　다 원

이익에 따라 행동하면 원한을 사는 일이 많아진다.

放	於	利	而	行	多	怨			
놓을 방	어조사 어	이로울 리	말 이을 이	다닐 행	많을 다	원망할 원			

계강자가 물었다.
"백성들이 윗사람을 공경하고 충성을 다하며 부지런히 일하도록 하려면 어떻게 해야 합니까?"
공자께서 말씀하셨다.
"백성을 대함에 위엄이 있으면 그들이 공경하게 되고, 효와 자애로운 태도를 보이면 그들이 충성스러워지며, 능력 있는 사람을 등용하여 무능한 사람을 가르치도록 하면 백성들도 저절로 선행을 힘쓰게 될 것이다."

— 논어 위정편

君子는 喩於義하고 小人은 喩於利니라.
군 자   유 어 의   소 인   유 어 리

군자는 의에 밝고, 소인은 이익에 밝다.

君	子	喩	於	義	小	人	喩	於	利
임금 군	아들 자	깨우칠 유	어조사 어	옳을 의	작을 소	사람 인	깨우칠 유	어조사 어	이로울 리

공자께서 말씀하셨다.
"군자는 다투는 일이 없으나 활쏘기를 겨루는 것만큼은 다투어야 한다. 서로 절하고 사양하며 활 쏘는 자리에 오르고, 내려와서는 술을 마시니, 그렇게 다투는 것이 군자이다."
— 논어 팔일편

見賢思齊焉하며
견 현 사 제 언
見不賢而內自省也니라.
견 불 현 이 내 자 성 야

어진 사람을 보면 그와 같이 되기를 생각하고, 어질지 못한 사람을 보면 자신 또한 그렇지 않은지 스스로 반성해야 한다.

見	賢	思	齊	焉	見	不	賢	而	內
볼 견	어질 현	생각 사	가지런할 제	어찌 언	볼 견	아닐 불	어질 현	말 이을 이	안 내

自	省	也							
스스로 자	살필 성	어조사 야							

父母在어시든 不遠遊하며
부 모 재   불 원 유
遊必有方이니라.
유 필 유 방

부모님이 살아 계실 때는 먼 곳에 가서 놀지 않으며, 놀러 갈 때는 반드시 가는 곳을 알려야 한다.

父	母	在	不	遠	遊	遊	必	有	方
아버지 **부**	어머니 **모**	있을 **재**	아닐 **불**	멀 **원**	놀 **유**	놀 **유**	반드시 **필**	있을 **유**	모 **방**

공자께서 말씀하셨다.
"부유함과 귀함은 누구나 탐내는 것이나, 바르게 얻은 것이 아니면 누리지 말며, 가난함과 천함은 누구나 싫어하는 것이나, 부당하게 그렇게 되었다 하더라도 거부하지 마라. 군자가 인을 떠난다면 어찌 그 이름을 이루겠는가? 군자는 밥 먹는 사이라도 인을 어기지 말아야 하고, 아무리 다급한 때라도 반드시 인에 근거해야 하며, 늪에 넘어지는 위급한 순간에도 인에 근거해야 한다."

— 논어 이인편

德不孤라 必有隣이니라.

덕 불 고 필 유 린

덕이 있는 사람은 외롭지 않고 반드시 이웃이 있다.

德	不	孤	必	有	隣				
덕 덕	아닐 불	외로울 고	반드시 필	있을 유	이웃 린				

금석지교(金石之交)
금석의 사귐이라는 뜻으로, 쇠와 돌처럼 변함없는 굳은 사귐을 말함.

吾日三省吾身하노니 爲人謀而不忠乎아
與朋友交而不信乎아 傳不習乎아.
主忠信하며 無友不如己者오
過則勿憚改니라.

君子는 周而不比하고 小人은 比而不周니라.
學而不思則罔하고 思而不學則殆니라.

放於利而行이면 多怨이니라.
君子는 喩於義하고 小人은 喩於利니라.
見賢思齊焉하며
見不賢而内自省也니라.

吾十有五而志于學하고
三十而立하고 四十而不惑하고
五十而知天命하고 六十而耳順하고
七十而從心所欲하여 不踰矩하라.

巧言令色足恭을 左丘明恥之하니
丘亦恥之하노라.
匿怨而友其人을 左丘明恥之하니
丘亦恥之하노라.

先行其言이오 而後從之니라.
溫故而知新이면 可以爲師矣니라.
君子는 不器니라.

不仁者는 不可以久處約이며
不可以長處樂이니
仁者는 安仁하고 知者는 利仁이니라.

惟仁者이 能好人하며 能惡人이니라.
朝聞道면 夕死可矣니라.
君子는 懷德하고 小人은 懷土하며
君子는 懷刑하며 小人은 懷惠니라.

公冶長篇
공야장편

伯夷叔齊는 不念舊惡이라
백 이 숙 제   불 염 구 악

怨是用希니라.
원 시 용 희

백이와 숙제는 지난날의 원한을 생각지 않았기에 원망하는 사람도 드물었다.

伯	夷	叔	齊	不	念	舊	惡	怨	是
맏 백	오랑캐 이	아저씨 숙	가지런할 제	아닐 불	생각 염	옛 구	악할 악	원망할 원	이 시
用	希								
쓸 용	드물 희								

36

巧言令色足恭을 左丘明恥之하니
교 언 영 색 주 공　　좌 구 명 치 지

丘亦恥之하노라.
구 역 치 지

匿怨而友其人을 左丘明恥之하니
익 원 이 우 기 인　　좌 구 명 치 지

丘亦恥之하노라.
구 역 치 지

巧	言	令	色	足	恭	左	丘	明	恥
공교할 교	말씀 언	하여금 영	빛 색	지나칠 주	공손할 공	왼 좌	언덕 구	밝을 명	부끄러울 치

之	丘	亦	恥	之	匿	怨	而	友	其
갈 지	언덕 구	또 역	부끄러울 치	갈 지	숨길 익	원망할 원	말 이을 이	벗 우	그 기

人	左	丘	明	恥	之	丘	亦	恥	之
사람 인	왼 좌	언덕 구	밝을 명	부끄러울 치	갈 지	언덕 구	또 역	부끄러울 치	갈 지

아첨하는 말과 거짓으로 낯빛을 선한 척하고, 지나치게 공손한 척하는 태도를 좌구명이 부끄럽게 여겼듯이 나 또한 그것을 부끄럽게 여긴다. 또 원한을 감추고 친한 척하는 것을 좌구명이 부끄럽게 여겼듯이 나 또한 그것을 부끄럽게 여긴다.

단금지교(斷金之交)
쇠라도 자를 수 있는 굳고 단단한 사귐이란 뜻으로, 매우 친밀하고 두터운 우정을 이르는 말.

재여가 낮잠을 자고 있자, 공자께서 말씀하셨다.
"썩은 나무에는 조각할 수 없고, 더러운 흙으로 쌓은 담장은 손질을 해도 소용이 없다. 재여를 책망하여 무엇하겠느냐?"
또 공자께서 말씀하셨다.
"처음에는 남을 대할 때 그의 말만 듣고 행실을 믿었는데, 이제는 남을 대할 때, 그의 말을 듣고서도 그의 행실을 살펴보게 되었다. 재여로 인해 사람 대하는 태도를 고치게 되었다."

― 논어 공야장편

吾日三省吾身하노니 爲人謀而不忠乎아
與朋友交而不信乎아 傳不習乎아.
主忠信하며 無友不如己者요
過則勿憚改니라.

君子는 周而不比하고 小人은 比而不周니라.
學而不思則罔하고 思而不學則殆니라.

先行其言이요 而後從之니라.
溫故而知新이면 可以爲師矣니라.
君子는 不器니라.

放於利而行이면 多怨이니라.
君子는 喩於義하고 小人은 喩於利니라.
見賢思齊焉하며
見不賢而內自省也니라.

吾十有五而志于學하고
三十而立하고 四十而不惑하고
五十而知天命하고 六十而耳順하고
七十而從心所欲하여 不踰矩하라.

不仁者는 不可以久處約이며
不可以長處樂이니
仁者는 安仁하고 知者는 利仁이니라.

巧言令色足恭을 左丘明恥之하니
丘亦恥之하노라.
匿怨而友其人을 左丘明恥之하니
丘亦恥之하노라.

惟仁者이 能好人하며 能惡人이니라.
朝聞道면 夕死可矣니라.
君子는 懷德하고 小人은 懷土하며
君子는 懷刑하며 小人은 懷惠니라.

雍也篇
옹야편

質勝文則野요 文勝質則史니
질 승 문 즉 야　 문 승 질 즉 사
文質이 彬彬然後에 君子니라.
문 질　 빈 빈 연 후　 군 자

본질이 외면보다 앞서면 저속하고, 외면이 본질보다 앞서면 형식에 흐르게 된다. 외면과 본질이 적절히 조화를 이루어야 군자라 할 수 있다.

質	勝	文	則	野	文	勝	質	則	史
바탕 질	이길 승	글월 문	곧 즉	들 야	글월 문	이길 승	바탕 질	곧 즉	사기 사

文	質	彬	彬	然	後	君	子		
글월 문	바탕 질	빛날 빈	빛날 빈	그럴 연	뒤 후	임금 군	아들 자		

知之者는 不如好之者요
지 지 자　　불 여 호 지 자

好之者는 不如樂之者니라.
호 지 자　　불 여 락 지 자

아는 자는 좋아하는 자만 못하고, 좋아하는 자는 즐기는 자만 못하다.

知	之	者	不	如	好	之	者	好	之
알 지	갈 지	놈 자	아닐 불	같을 여	좋을 호	갈 지	놈 자	좋을 호	갈 지
者	不	如	樂	之	者				
놈 자	아닐 불	같을 여	즐길 락	갈 지	놈 자				

知者는 樂水하고 仁者는 樂山이니
지 자 요 수   인 자   요 산

知者는 動하고 仁者는 靜하며
지 자 동   인 자   정

知者는 樂하고 仁者는 壽니라.
지 자 낙   인 자   수

지혜로운 사람은 물을 좋아하고, 어진 사람은 산을 좋아한다. 지혜로운 사람은 동적이고, 어진 사람은 정적이다. 지혜로운 사람은 인생을 즐기며 살고, 어진 사람은 장수한다.

知	者	樂	水	仁	者	樂	山	知	者
알 지	놈 자	좋아할 요	물 수	어질 인	놈 자	아할 요	메 산	알 지	놈 자

動	仁	者	靜	知	者	樂	仁	者	壽
움직일 동	어질 인	놈 자	고요할 정	알 지	놈 자	즐길 낙	어질 인	놈 자	목숨 수

吾日三省吾身하노니 爲人謀而不忠乎아
與朋友交而不信乎아 傳不習乎아.
主忠信하며 無友不如己者오
過則勿憚改니라.

君子는 周而不比하고 小人은 比而不周니라.
學而不思則罔하고 思而不學則殆니라.

先行其言이요 而後從之니라.
溫故而知新이면 可以爲師矣니라.
君子는 不器니라.

放於利而行이면 多怨이니라.
君子는 喩於義하고 小人은 喩於利니라.
見賢思齊焉하며
見不賢而內自省也니라.

吾十有五而志于學하고
三十而立하고 四十而不惑하고
五十而知天命하고 六十而耳順하고
七十而從心所欲하여 不踰矩하라.

不仁者는 不可以久處約이며
不可以長處樂이니
仁者는 安仁하고 知者는 利仁이니라.

巧言令色足恭을 左丘明恥之하니
丘亦恥之하노라.
匿怨而友其人을 左丘明恥之하니
丘亦恥之하노라.

惟仁者이 能好人하며 能惡人이니라.
朝聞道면 夕死可矣니라.
君子는 懷德하고 小人은 懷土하며
君子는 懷刑하며 小人은 懷惠니라.

述而篇
술이편

德之不脩와 學之不講과
덕 지 불 수　　학 지 불 강

聞義不能徙하며 不善不能改이
문 의 불 능 사　　불 선 불 능 개

是吾憂也니라.
시 오 우 야

덕을 수양하지 못함과 학문을 익히지 못함과 의를 듣고서 실천에 옮기
지 못함과 좋지 않은 것을 고치지 못함이 곧 나의 근심거리다.

德	之	不	脩	學	之	不	講	聞	義
덕 덕	갈 지	아닐 불	닦을 수	배울 학	갈 지	아닐 불	외울 강	들을 문	옳을 의
不	能	徙	不	善	不	能	改	是	吾
아닐 불	능할 능	옮길 사	아닐 불	착할 선	아닐 불	능할 능	고칠 개	이 시	나 오
憂	也								
근심 우	어조사 야								

44

三人行에 必有我師焉이니
삼 인 행 필 유 아 사 언
擇其善者而從之요
택 기 선 자 이 종 지
其不善者而改之니라.
기 불 선 자 이 개 지

세 사람이 함께 길을 가면 그 중에 반드시 나의 스승이 있다. 그 가운데 선한 사람을 가려서 따르고, 좋지 않은 점을 거울삼아 고치도록 한다.

三	人	行	必	有	我	師	焉	擇	其
석 삼	사람 인	다닐 행	반드시 필	있을 유	나 아	스승 사	어찌 언	가릴 택	그 기
善	者	而	從	之	其	不	善	者	而
착할 선	놈 자	말 이을 이	좇을 종	갈 지	그 기	아닐 불	착할 선	놈 자	말 이을 이
改	之								
고칠 개	갈 지								

45

奢則不孫하고 儉則固니
사 즉 불 손 　　　검 즉 고
與其不孫也론 寧固니라.
여 기 불 손 야 　　영 고

사치스러우면 공손함을 잃게 되고 검소하면 고루하기 쉽다. 공손함을
잃기보다는 차라리 고루한 편이 낫다.

奢	則	不	孫	儉	則	固	與	其	不
사치할 사	곧 즉	아닐 불	손자 손	검소할 검	곧 즉	굳을 고	더불 여	그 기	아닐 불
孫	也	寧	固						
손자 손	어조사 야	편안할 영	굳을 고						

吾日三省吾身하노니 爲人謀而不忠乎아
與朋友交而不信乎아 傳不習乎아.
主忠信하며 無友不如己者요
過則勿憚改니라.

君子는 周而不比하고 小人은 比而不周니라.
學而不思則罔하고 思而不學則殆니라.

先行其言이요 而後從之니라.
溫故而知新이면 可以爲師矣니라.
君子는 不器니라.

放於利而行이면 多怨이니라.
君子는 喩於義하고 小人은 喩於利니라.
見賢思齊焉하며
見不賢而內自省也니라.

吾十有五而志于學하고
三十而立하고 四十而不惑하고
五十而知天命하고 六十而耳順하고
七十而從心所欲하여 不踰矩하라.

不仁者는 不可以久處約이며
不可以長處樂이니
仁者는 安仁하고 知者는 利仁이니라.

巧言令色足恭을 左丘明恥之하니
丘亦恥之니라.
匿怨而友其人을 左丘明恥之하니
丘亦恥之하노라.

惟仁者이 能好人하며 能惡人이니라.
朝聞道면 夕死可矣니라.
君子는 懷德하고 小人은 懷土하며
君子는 懷刑하며 小人은 懷惠니라.

泰佰篇
태백편

興於詩하며 立於禮하며 成於樂이니라.
흥 어 시 입 어 례 성 어 악

시로써 감흥을 불러일으키고, 예로써 행동거지를 바르게 세우고, 음악으로써 인격을 완성시킨다.

興	於	詩	立	於	禮	成	於	樂
일 흥	어조사 어	시 시	설 입	어조사 어	예도 례	이룰 성	어조사 어	노래 악

번지가 지혜에 대해 묻자, 공자께서 말씀하셨다.
"백성이 의로움에 힘을 기울이고, 귀신의 힘을 빌려 복을 구하고, 화를 물리치는 어리석은 짓을 하지 않는다면 지혜롭다 할 수 있을 것이다."
인에 대해 묻자, 공자께서 말씀하셨다.
"인이란 어려운 일에는 먼저 나서고, 이득을 챙기는 것은 남보다 뒤에 하니, 이렇게 하면 인자하다고 할 수 있다."

— 논어 옹야편

學如不及이요 猶恐失之니라.
학 여 불 급　　　 유 공 실 지

배움은 마치 미치지 못하는 것처럼 하고, 오직 배운 것을 잃어버리지 않을까 걱정하라.

學	如	不	及	猶	恐	失	之		
배울 학	같을 여	아닐 불	미칠 급	오히려 유	두려울 공	잃을 실	갈 지		

막역지우(莫逆之友)
마음이 맞아 서로 거스름이 없는 친구라는 뜻으로, 허물이 없이 아주 친한 친구를 이르는 말.

民은 可使由之요 不可使知之니라.
민 가 사 유 지 불 가 사 지 지

백성에게 도리를 따르게 할 수는 있지만, 그 깊은 이치를 다 알게 할 수는 없다.

民	可	使	由	之	不	可	使	知	之
백성 민	옳을 가	하여금 사	말이암을 유	갈 지	아닐 불	옳을 가	하여금 사	알 지	갈 지

공자께서 말씀하셨다.
"영무자는 나라에 도가 행해질 때는 지혜로운 척했고, 나라에 도가 행해지지 않을 때에는 어리석은 척했다. 그의 지혜로움은 누구나 따를 수 있지만, 그 어리석은 듯한 행동은 아무나 따를 수 없다."

— 논어 공야장편

吾日三省吾身하노니 爲人謀而不忠乎아
與朋友交而不信乎아 傳不習乎아.
主忠信하며 無友不如己者오
過則勿憚改니라.

君子는 周而不比하고 小人은 比而不周니라.
學而不思則罔하고 思而不學則殆니라.

先行其言이오 而後從之니라.
溫故而知新이면 可以爲師矣니라.
君子는 不器니라.

放於利而行이면 多怨이니라.
君子는 喩於義하고 小人은 喩於利니라.
見賢思齊焉하며
見不賢而内自省也니라.

吾十有五而志于學하고
三十而立하고 四十而不惑하고
五十而知天命하고 六十而耳順하고
七十而從心所欲하여 不踰矩하라.

不仁者는 不可以久處約이며
不可以長處樂이니
仁者는 安仁하고 知者는 利仁이니라.

巧言令色足恭을 左丘明恥之하니
丘亦恥之하노라.
匿怨而友其人을 左丘明恥之하니
丘亦恥之하노라.

惟仁者이 能好人하며 能惡人이니라.
朝聞道면 夕死可矣니라.
君子는 懷德하고 小人은 懷土하며
君子는 懷刑하며 小人은 懷惠니라.

子罕篇
자한편

苗而不秀者有矣夫며
묘 이 불 수 자 유 의 부

秀而不實者有矣夫인저.
수 이 불 실 자 유 의 부

싹은 틔웠으나 꽃을 못 피우는 자도 있으며, 꽃은 피웠으나 열매를 맺지
못하는 자도 있다.

苗	而	不	秀	者	有	矣	夫	秀	而
모 묘	말 이을 이	아닐 불	빼어날 수	놈 자	있을 유	어조사 의	지아비 부	빼어날 수	말 이을 이

不	實	者	有	矣	夫				
아닐 불	열매 실	놈 자	있을 유	어조사 의	지아비 부				

後生可畏니
후생가외
焉知來者之不如今也리오.
언지내자지불여금야

뒤에 태어난 젊은 사람은 가히 두렵다. 어찌 그들이 지금의 우리만 못하
다고 하겠는가.

後	生	可	畏	焉	知	來	者	之	不
뒤 후	날 생	옳을 가	두려워할 외	어찌 언	알 지	올 래(내)	놈 자	갈 지	아닐 불
如	今	也							
같을 여	이제 금	어조사 야							

歲寒然後에 知松栢之後彫也니라.
세 한 연 후   지 송 백 지 후 조 야

날씨가 추워진 뒤에야 소나무와 잣나무가 뒤늦게 시드는 것을 알 수 있다.

歲	寒	然	後	知	松	栢	之	後	彫
해 세	찰 한	그럴 연	뒤 후	알 지	소나무 송	측백 백	갈 지	뒤 후	새길 조
也									
어조사 야									

知者不惑하고 仁者不憂하고
지 자 불 혹　　　　인 자 불 우

勇者不懼니라.
용 자 불 구

지혜로운 사람은 미혹하는 일이 없고, 어진 사람은 근심하지 않으며,
용기 있는 사람은 두려워하지 않는다.

知	者	不	惑	仁	者	不	憂	勇	者
알 지	놈 자	아닐 불	미혹할 혹	어질 인	놈 자	아닐 불	근심 우	날랠 용	놈 자
不	懼								
아닐 불	두려워할 구								

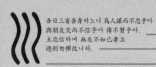

吾日三省吾身하노니 爲人謀而不忠乎아
與朋友交而不信乎아 傳不習乎아.
主忠信하며 無友不如己者요
過則勿憚改니라.

君子는 周而不比하고 小人은 比而不周니라.
學而不思則罔하고 思而不學則殆니라.

先行其言이요 而後從之니라.
溫故而知新이면 可以爲師矣니라.
君子는 不器니라.

放於利而行이면 多怨이니라.
君子는 喩於義하고 小人은 喩於利니라.
見賢思齊焉하며
見不賢而内自省也니라.

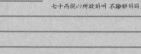

吾十有五而志于學하고
三十而立하고 四十而不惑하고
五十而知天命하고 六十而耳順하고
七十而從心所欲하여 不踰矩하라.

巧言令色足恭을 左丘明恥之하니
丘亦恥之하노라.
匿怨而友其人을 左丘明恥之하니
丘亦恥之하노라.

先進篇
선진편

不仁者는 不可以久處約이며
不可以長處樂이니
仁者는 安仁하고 知者는 利仁이니라.

惟仁者이 能好人하며 能惡人이니라.
朝聞道면 夕死可矣니라.
君子는 懷德하고 小人은 懷土하며
君子는 懷刑하며 小人은 懷惠니라.

過猶不及이니라.
과 유 불 급

지나친 것은 미치지 못한 것과 같다.

過	猶	不	及						
지날 **과**	오히려 **유**	아닐 **불**	미칠 **급**						

자로가 성인에 대해 묻자, 공자께서 말씀하셨다.
"장무중의 지혜와 공작의 욕심 없는 마음과 변장자의 용맹과 염구의 재능을 갖춘 뒤, 예
와 악을 더해 빛낸다면 성인이라고 할 수 있을 것이다."
이어서 말씀하셨다.
"오늘날 성인이 되는 것이 어찌 그렇기만 하겠느냐? 이익을 보면 의로움을 생각하고, 위
태로움을 보면 목숨을 바치며, 오래 전에 한 약속을 평생 잊지 않는다면 또한 성인이라
할 수 있다."

— 논어 헌문편

不踐迹이나 亦不入於室이니라.
불 천 적　　　역 불 입 어 실

성현의 훌륭한 발자취를 좇지 않으면 성현의 경지에 이르지 못한다.

不	踐	迹	亦	不	入	於	室		
아닐 불	밟을 천	자취 적	또 역	아닐 불	들 입	어조사 어	집 실		

죽마고우(竹馬故友)
대말을 타고 놀던 벗이라는 뜻으로, 어릴 때부터 가까이 지내며 자란 친구를 이르는 말.

吾日三省吾身하노니 爲人謀而不忠乎아
與朋友交而不信乎아 傳而不習乎아.
主忠信하며 無友不如己者요
過則勿憚改니라.

君子는 周而不比하고 小人은 比而不周니라.
學而不思則罔하고 思而不學則殆니라.

先行其言이요 而後從之니라.
溫故而知新이면 可以爲師矣니라.
君子는 不器니라.

放於利而行이면 多怨이니라.
君子는 喩於義하고 小人은 喩於利니라.
見賢思齊焉하며
見不賢而內自省也니라.

吾十有五而志于學하고
三十而立하고 四十而不惑하고
五十而知天命하고 六十而耳順하고
七十而從心所欲하여 不踰矩하라.

不仁者는 不可以久處約이며
不可以長處樂이니
仁者는 安仁하고 知者는 利仁이니라.

巧言令色足恭을 左丘明恥之하니
丘亦恥之하며
匿怨而友其人을 左丘明恥之하니
丘亦恥之하노라.

惟仁者이 能好人하며 能惡人이니라.
朝聞道면 夕死可矣니라.
君子는 懷德하고 小人은 懷土하며
君子는 懷刑하며 小人은 懷惠니라.

顔淵篇
안연편

克己復禮爲仁이니
극 기 복 례 위 인

一日克己復禮면 天下歸仁焉하나니
일 일 극 기 복 례 천 하 귀 인 언

爲仁이 由己니 而由人乎哉아.
위 인 유 기 이 유 인 호 재

자기를 이겨내고, 예로 돌아가는 것이 인이다. 하루라도 자신을 이기고
예로 돌아가면 천하가 인으로 돌아갈 것이다. 인을 행하는 것은 남에게
있는 것이 아니라 자신에게 있느니라.

克	己	復	禮	爲	仁	一	日	克	己
이길 극	몸 기	회복할 복	예도 례	할 위	어질 인	한 일	날 일	이길 극	몸 기
復	禮	天	下	歸	仁	焉	爲	仁	由
회복할 복	예도 례	하늘 천	아래 하	돌아갈 귀	어질 인	어찌 언	할 위	어질 인	말미암을 유
己	而	由	人	乎	哉				
몸 기	말 이을 이	말미암을 유	사람 인	어조사 호	어조사 재				

非禮勿視하며 非禮勿聽하며
비 례 물 시   비 례 물 청

非禮勿言하며 非禮勿動이니라.
비 례 물 언   비 례 물 동

예가 아니면 보지도 말고, 예가 아니면 듣지도 말고, 예가 아니면 말하지도 말고, 예가 아니면 행하지도 말라.

非	禮	勿	視	非	禮	勿	聽	非	禮
아닐 비	예도 례	말 물	볼 시	아닐 비	예도 례	말 물	들을 청	아닐 비	예도 례

勿	言	非	禮	勿	動				
말 물	말씀 언	아닐 비	예도 례	말 물	움직일 동				

浸潤之讒이 膚受之愬不行焉이면
침 윤 지 참 부 수 지 소 불 행 언

可謂明也已矣니라.
가 위 명 야 이 의

浸潤之讒이 膚受之愬不行焉이면
침 윤 지 참 부 수 지 소 불 행 언

可謂遠也已矣니라.
가 위 원 야 이 의

浸	潤	之	讒	膚	受	之	愬	不	行
잠길 **침**	불을 **윤**	갈 **지**	참소할 **참**	살갗 **부**	받을 **수**	갈 **지**	하소연할 **소**	아닐 **불**	다닐 **행**

焉	可	謂	明	也	已	矣	浸	潤	之
어찌 **언**	옳을 **가**	이를 **위**	밝을 **명**	어조사 **야**	이미 **이**	어조사 **의**	잠길 **침**	불을 **윤**	갈 **지**

讒	膚	受	之	愬	不	行	焉	可	謂
참소할 **참**	살갗 **부**	받을 **수**	갈 **지**	하소연할 **소**	아닐 **불**	다닐 **행**	어찌 **언**	옳을 **가**	이를 **위**

遠	也	已	矣						
멀 **원**	어조사 **야**	이미 **이**	어조사 **의**						

물이 스며드는 것과 같이 깊이 믿도록 하는 은근한 참소와 피부로 느껴질 만큼 절실한 하소연을 물리친다면 사리에 밝다고 할 수 있다. 물이 스며드는 것과 같이 깊이 믿도록 하는 은근한 참소와 피부로 느껴질 만큼 절실한 하소연이 통하지 않아야 비로소 멀리 내다보는 식견이 있다고 말할 수 있다.

참소 : 남을 헐뜯어서 죄가 있는 것처럼 꾸며 윗사람에게 고하여 바침.

공자께서 말씀하셨다.
"스스로 배우려는 열의가 없으면 이끌어주지 않고, 표현하려고 애쓰지 않으면 일깨워주지 않으며, 한 가지를 가르쳐주면 나머지 세 가지를 알려고 스스로 노력하지 않으면 다시 가르쳐주지 않는다."

― 논어 술이편

吾日三省吾身하노니 爲人謀而不忠乎아
與朋友交而不信乎아 傳而不習乎아.
主忠信하며 無友不如己者요
過則勿憚改니라.

君子는 周而不比하고 小人은 比而不周니라.
學而不思則罔하고 思而不學則殆니라.

先行其言이요 而後從之니라.
溫故而知新이면 可以爲師矣니라.
君子는 不器니라.

放於利而行이면 多怨이니라.
君子는 喩於義하고 小人은 喩於利니라.
見賢思齊焉하며
見不賢而內自省也니라.

吾十有五而志于學하고
三十而立하고 四十而不惑하고
五十而知天命하고 六十而耳順하고
七十而從心所欲하여 不踰矩하라.

不仁者는 不可以久處約이며
不可以長處樂이니
仁者는 安仁하고 知者는 利仁이니라.

巧言令色足恭을 左丘明恥之하니
丘亦恥之하노라.
匿怨而友其人을 左丘明恥之하니
丘亦恥之하노라.

惟仁者이 能好人하며 能惡人이니라.
朝聞道면 夕死可矣니라.
君子는 懷德하고 小人은 懷土하며
君子는 懷刑하며 小人은 懷惠니라.

子路篇
자로편

君子는 和而不同하고
군자　　　화 이 부 동
小人은 同而不和니라.
소 인　　　동 이 불 화

군자는 사람들과 화합하지만 부화뇌동하지 않고, 소인은 부화뇌동하지만 사람들과 화합하지 못한다.

부화뇌동(附和雷同) : 줏대 없이 남의 의견에 따라 움직임.

君	子	和	而	不	同	小	人	同	而
임금 군	아들 자	화할 화	말 이을 이	아닐 부	한가지 동	작을 소	사람 인	한가지 동	말 이을 이
不	和								
아닐 불	화할 화								

君子는 泰而不驕하고
군 자 태 이 불 교
小人은 驕而不泰니라.
소 인 교 이 불 태

군자는 태연하되 교만하지 않고, 소인은 교만하되 태연하지 못하다.

君	子	泰	而	不	驕	小	人	驕	而
임금 군	아들 자	클 태	말 이을 이	아닐 불	교만할 교	작을 소	사람 인	교만할 교	말 이을 이

不	泰								
아닐 불	클 태								

切切偲偲하며 怡怡如也면 可謂士矣니
절 절 시 시   이 이 여 야   가 위 사 의

朋友엔 切切偲偲요 兄弟엔 怡怡니라.
붕 우   절 절 시 시   형 제   이 이

간절히 서로 선을 권하고 간곡히 잘못을 고치도록 애쓰며 화평하고 기쁘면 선비라 할 수 있다. 친구에게는 간절히 서로 선을 권하고 잘못을 고치도록 애를 쓰고 형제 사이에는 화합하며 즐겁게 하라.

切	切	偲	偲	怡	怡	如	也	可	謂
끊을 절	끊을 절	굳셀 시	굳셀 시	기쁠 이	기쁠 이	같을 여	어조사 야	옳을 가	이를 위
士	矣	朋	友	切	切	偲	偲	兄	弟
선비 사	어조사 의	벗 붕	벗 우	끊을 절	끊을 절	굳셀 시	굳셀 시	형 형	아우 제
怡	怡								
기쁠 이	기쁠 이								

吾日三省吾身하노니 爲人謀而不忠乎아
與朋友交而不信乎아 傳不習乎아.
主忠信하며 無友不如己者요
過則勿憚改니라.

君子는 周而不比하고 小人은 比而不周니라.
學而不思則罔하고 思而不學則殆니라.

先行其言이요 而後從之니라.
溫故而知新이면 可以爲師矣니라.
君子는 不器니라.

吾十有五而志于學하고
三十而立하고 四十而不惑하고
五十而知天命하고 六十而耳順하고
七十而從心所欲하여 不踰矩하라.

放於利而行이면 多怨이니라.
君子는 喩於義하고 小人은 喩於利니라.
見賢思齊焉하며
見不賢而內自省也니라.

巧言令色足恭을 左丘明恥之하니
丘亦恥之하노라.
匿怨而友其人을 左丘明恥之하니
丘亦恥之하노라.

不仁者는 不可以久處約이며
不可以長處樂이니
仁者는 安仁하고 知者는 利仁이니라.

憲問篇
헌문편

惟仁者이 能好人하며 能惡人이니라.
朝聞道면 夕死可矣니라.
君子는 懷德하고 小人은 懷土하며
君子는 懷刑하며 小人은 懷惠니라.

邦有道엔 危言危行하고
방 유 도 위 언 위 행

邦無道엔 危行言孫이니라.
방 무 도 위 행 언 손

나라에 도가 있을 때는 말과 행동을 곧게 해야 하지만, 나라에 도가 없을 때는 행동은 곧게 하되 말은 공손해야 한다.

邦	有	道	危	言	危	行	邦	無	道
나라 **방**	있을 **유**	길 **도**	위태할 **위**	말씀 **언**	위태할 **위**	다닐 **행**	나라 **방**	없을 **무**	길 **도**
危	行	言	孫						
위태할 **위**	다닐 **행**	말씀 **언**	손자 **손**						

有德者는 必有言이어니와
유 덕 자　　필 유 언

有言者는 不必有德이니라.
유 언 자　　불 필 유 덕

仁者는 必有勇이어니와
인 자　　필 유 용

勇者는 不必有仁이니라.
용 자　　불 필 유 인

有	德	者	必	有	言	有	言	者	不
있을 유	덕 덕	놈 자	반드시 필	있을 유	말씀 언	있을 유	말씀 언	놈 자	아닐 불
必	有	德	仁	者	必	有	勇	勇	者
반드시 필	있을 유	덕 덕	어질 인	놈 자	반드시 필	있을 유	날랠 용	날랠 용	놈 자
不	必	有	仁						
아닐 불	반드시 필	있을 유	어질 인						

덕이 있는 사람은 반드시 훌륭한 말을 하지만, 훌륭한 말을 하는 사람이라고 해서 반드시 덕이 있는 것은 아니다. 어진 사람은 반드시 용기를 갖고 있지만, 용기가 있다고 해서 반드시 어진 것은 아니다.

자공이 물었다.
"군자도 미워하는 것이 있습니까?"
공자께서 말씀하셨다.
"미워하는 것이 있다. 다른 사람의 허물을 떠들어대는 것을 미워하고, 아랫사람이 윗사람을 비방하는 것을 미워하고, 용맹스럽기만 하고 예절을 모르는 것을 미워하고, 과감하기만 하고 융통성이 없는 사람을 미워한다."
공자께서 말씀하셨다.
"사야, 너도 미워하는 것이 있느냐?"
"남의 말을 가로채 아는 척하는 자를 미워하고, 겸손하지 못한 것을 용기라고 여기는 자를 미워하며, 남의 비밀을 폭로하는 것을 정직하다고 여기는 자를 미워합니다."
― 논어 양화편

貧而無怨은 難하고
빈 이 무 원   난
富而無驕는 易하니라.
부 이 무 교   이

가난하면서 원망하지 않는 것은 어렵지만 부자이면서 교만하지 않는 것은 쉽다.

貧	而	無	怨	難	富	而	無	驕	易
가난할 빈	말 이을 이	없을 무	원망할 원	어려울 난	부유할 부	말 이을 이	없을 무	교만할 교	쉬울 이

공자께서 말씀하셨다.
"찾아오는 이는 맞아들여야 하고, 가는 이는 막지 말아야 한다. 덮어놓고 심하게 대할 수 있겠느냐? 사람이 자신을 깨끗이 하여 바른 길로 나아가면 그 깨끗함을 받아들이고 지난 날의 허물을 묻지 말아야 한다."

— 논어 술이편

君子는 上達하고 小人은 下達이니라.
군자 상달 소인 하달

군자는 위로 통하고, 소인은 아래로 통한다.

君	子	上	達	小	人	下	達		
임금 군	아들 자	윗 상	통달할 달	작을 소	사람 인	아래 하	통달할 달		

공자께서 말씀하셨다.
"공경스러움에도 예가 없으면 헛수고가 되고, 신중함도 예가 없으면 두려워하는 것이 되며, 용맹함도 예가 없으면 난폭한 것이 되고, 강직함도 예가 없으면 가혹하게 된다. 군자가 친척들에게 후하게 대하면 백성들이 인애의 기풍을 일으키게 되고, 옛 친구를 저버리지 않으면 백성들도 야박해지지 않는다."

— 논어 태백편

君子는 恥其言而過其行이니라.
군자 치기언이과기행

군자는 말이 행동보다 앞서는 것을 부끄럽게 여긴다.

君	子	恥	其	言	而	過	其	行	
임금 군	아들 자	부끄러울 치	그 기	말씀 언	말 이을 이	지날 과	그 기	다닐 행	

공자께서 말씀하셨다.
"신념을 굳건히 하고 배우기를 좋아하며, 죽음으로써 도를 지키고 높여야 한다. 위태로운 나라에는 들어가지 말고, 어지러운 나라에는 살지 말라. 천하에 도가 있으면 벼슬을 하고 도가 없으면 숨어라. 나라에 도가 있는데 가난하고 천한 것은 부끄러운 일이며, 나라에 도가 없는데 부귀를 누린다면 이 또한 부끄러운 일이다."

— 논어 태백편

不患人之不己知요 患其不能也니라.
불 환 인 지 불 기 지　　환 기 불 능 야

남이 나를 알아주지 않는다고 걱정하지 말고, 자신의 능력 없음을 걱정
해야 한다.

不	患	人	之	不	己	知	患	其	不
아닐 **불**	근심 **환**	사람 **인**	갈 **지**	아닐 **불**	몸 **기**	알 **지**	근심 **환**	그 **기**	아닐 **불**
能	也								
능할 **능**	어조사 **야**								

지기지우(知己之友)
자기를 가장 잘 알아주는 친한 친구라는 뜻으로, 자기의 속마음을 참되게 알아주는 친구
를 이르는 말.

賢者는 辟世하고 其次는 辟地하고
현자 피세 기차 피지
其次는 辟色하고 其次는 辟言이니라.
기차 피색 기차 피언

현명한 사람은 도가 행해지지 않는 어지러운 세상을 피하고, 그 다음 가
는 사람은 어지러운 나라를 피하고, 그 다음 가는 사람은 무례한 사람을
피하고, 그 다음 가는 사람은 그릇된 말을 피한다.

賢	者	辟	世	其	次	辟	地	其	次
어질 현	놈 자	피할 피	인간 세	그 기	버금 차	피할 피	땅 지	그 기	버금 차
辟	色	其	次	辟	言				
피할 피	빛 색	그 기	버금 차	피할 피	말씀 언				

吾日三省吾身하노니 爲人謀而不忠乎아
與朋友交而不信乎아 傳不習乎아.
主忠信하며 無友不如己者요
過則勿憚改니라.

君子는 周而不比하고 小人은 比而不周니라.
學而不思則罔하고 思而不學則殆니라.

放於利而行이면 多怨이니라.
君子는 喩於義하고 小人은 喩於利니라.
見賢思齊焉하며
見不賢而內自省也니라.

吾十有五而志于學하고
三十而立하고 四十而不惑하고
五十而知天命하고 六十而耳順하고
七十而從心所欲하여 不踰矩하라.

巧言令色足恭을 左丘明恥之하니
丘亦恥之하노라.
匿怨而友其人을 左丘明恥之하니
丘亦恥之하노라.

不仁者는 不可以久處約이며
不可以長處樂이니
仁者는 安仁하고 知者는 利仁이니라.

衛靈公篇
위령공편

惟仁者이 能好人하며 能惡人이니라.
朝聞道면 夕死可矣니라.
君子는 懷德하고 小人은 懷土하며
君子는 懷刑하며 小人은 懷惠니라.

躬自厚而薄責於人이면
궁 자 후 이 박 책 어 인

則遠怨矣니라.
즉 원 원 의

자신의 잘못은 무겁게 책망하고 남은 가볍게 꾸짖으면 원망이 멀어
진다.

躬	自	厚	而	薄	責	於	人	則	遠
몸 궁	스스로 자	두터울 후	말 이을 이	엷을 박	꾸짖을 책	어조사 어	사람 인	곧 즉	멀 원
怨	矣								
원망할 원	어조사 의								

78

君子는 求諸己요
군 자   구 저 기
小人은 求諸人이니라.
소 인   구 저 인

군자는 자기 자신에게서 잘못을 찾고 소인은 남에게서 잘못을 찾는다.

君	子	求	諸	己	小	人	求	諸	人
임금 군	아들 자	구할 구	무릇 저	몸 기	작을 소	사람 인	구할 구	무릇 저	사람 인

공자께서 말씀하셨다.
"거친 밥을 먹고 물을 마신 뒤에 팔베개를 하고 잠을 자더라도 삶의 즐거움이란 그 중에 있는 법이다. 의롭지 않은 부와 신분이 높아지는 것은 나에게는 뜬구름 같은 것이다."
— 논어 술이편

己所不欲을 勿施於人이니라.
기 소 불 욕 물 시 어 인

자기가 원하지 않는 것을 남에게 시키지 마라.

己	所	不	欲	勿	施	於	人		
몸 기	바 소	아닐 불	하고자 할 욕	말 물	베풀 시	어조사 어	사람 인		

자공이 정치에 대해 묻자, 공자께서 말씀하셨다.
"식량을 풍족하게 제공하고, 군대를 넉넉하게 하면 백성이 믿을 것이다."
자공이 물었다.
"부득이 한 가지를 버려야 한다면 이 세 가지 중에서 어느 것을 먼저 버려야 합니까?"
공자께서 말씀하셨다.
"군대를 버려야 한다."
자공이 또 물었다.
"부득이 한 가지를 더 버려야 한다면 두 가지 중에서 어느 것을 먼저 버려야 합니까?"
"식량을 버려야 한다. 옛날부터 누구나 죽게 마련이지만, 백성들의 믿음이 없으면 존립할 수 없다."

— 논어 안연편

衆惡之라도 必察焉하며
중 오 지　　　　　필 찰 언

衆好之라도 必察焉이니라.
중 호 지　　　　　필 찰 언

여러 사람들이 그를 미워하여도 반드시 살펴보아야 하고, 여러 사람들
이 그를 좋아하여도 반드시 살펴보아야 한다.

衆	惡	之	必	察	焉	衆	好	之	必
무리 중	미워할 오	갈 지	반드시 필	살필 찰	어찌 언	무리 중	좋을 호	갈 지	반드시 필

察	焉								
살필 찰	어찌 언								

81

君子는 不可小知而可大受也요
군자 불가소지이가대수야

小人은 不可大受而可小知也니라.
소인 불가대수이가소지야

군자는 작은 일은 잘 못해도 큰일은 맡아 할 수 있고, 소인은 큰일은 감당하지 못해도 작은 일은 잘할 수 있다.

君	子	不	可	小	知	而	可	大	受
임금 군	아들 자	아닐 불	옳을 가	작을 소	알 지	말 이을 이	옳을 가	클 대	받을 수
也	小	人	不	可	大	受	而	可	小
어조사 야	작을 소	사람 인	아닐 불	옳을 가	클 대	받을 수	말 이을 이	옳을 가	작을 소
知	也								
알 지	어조사 야								

君子는 貞而不諒이니라.
군 자   정 이 불 량

군자는 곧고 바르지만 사소한 신의에 얽매이지 않는다.

君	子	貞	而	不	諒				
임금 **군**	아들 **자**	곧을 **정**	말 이을 **이**	아닐 **불**	살펴 알 **량**				

계강자가 정치에 관해 공자에게 질문하였다.
"만약 무도한 자를 죽여서 백성들에게 도를 지켜나가게 하면 어떻습니까?"
공자께서 말씀하셨다.
"정치를 하는데 어찌 사람을 죽이는 방법을 쓰려고 합니까? 대부가 선하고자 하면 백성들도 선하게 되니 군자의 덕은 바람과 같고 소인의 덕은 풀입니다. 풀 위에 바람이 불면 풀은 바람이 부는 대로 틀림없이 눕게 될 것입니다."

— 논어 안연편

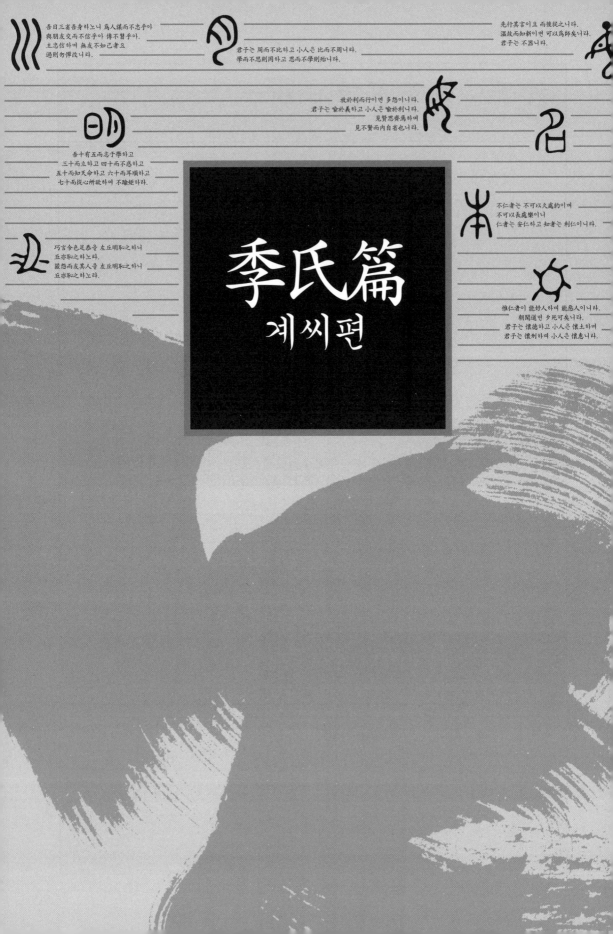

吾日三省吾身하노니 爲人謀而不忠乎아
與朋友交而不信乎아 傳不習乎아.
主忠信하며 無友不如己者요
過則勿憚改니라.

君子는 周而不比하고 小人은 比而不周니라.
學而不思則罔하고 思而不學則殆니라.

先行其言이요 而後從之니라.
溫故而知新이면 可以爲師矣니라.
君子는 不器니라.

放於利而行이면 多怨이니라.
君子는 喩於義하고 小人은 喩於利니라.
見賢思齊焉하며
見不賢而內自省也니라.

吾十有五而志于學하고
三十而立하고 四十而不惑하고
五十而知天命하고 六十而耳順하고
七十而從心所欲하며 不踰矩니라.

巧言令色足恭을 左丘明恥之하니
丘亦恥之하며
匿怨而友其人을 左丘明恥之하니
丘亦恥之하노라.

不仁者는 不可以久處約이며
不可以長處樂이니
仁者는 安仁하고 知者는 利仁이니라.

惟仁者이 能好人하며 能惡人이니라.
朝聞道면 夕死可矣니라.
君子는 懷德하고 小人은 懷土하며
君子는 懷刑하며 小人은 懷惠니라.

季氏篇
계씨편

益者三友요 損者三友니 友直하며
익 자 삼 우 손 자 삼 우   우 직

友諒하며 友多聞이면 益矣요
우 량   우 다 문   익 의

友便僻하며 友善柔이며
우 편 벽   우 선 유

友便佞이면 損矣니라.
우 편 녕   손 의

益	者	三	友	損	者	三	友	友	直
더할 **익**	놈 **자**	석 **삼**	벗 **우**	덜 **손**	놈 **자**	석 **삼**	벗 **우**	벗 **우**	곧을 **직**

友	諒	友	多	聞	益	矣	友	便	僻
벗 **우**	살펴 알 **량**	벗 **우**	많을 **다**	들을 **문**	더할 **익**	어조사 **의**	벗 **우**	편할 **편**	궁벽할 **벽**

友	善	柔	友	便	佞	損	矣		
벗 **우**	착할 **선**	부드러울 **유**	벗 **우**	편할 **편**	아첨할 **녕**	덜 **손**	어조사 **의**		

유익한 벗이 셋 있고, 해로운 벗이 셋 있다. 정직한 친구, 성실한 친구, 보고 들을 것이 많은 친구는 유익하다. 외모만 중시하는 친구, 아첨하고 비위를 잘 맞추는 친구, 말만 번지르르하고 아는 것이 없는 친구와 사귀면 해롭다.

君子有九思하니 視思明하며
군 자 유 구 사　　　시 사 명

聽思聰하며 色思溫하며
청 사 총　　　색 사 온

貌思恭하며 言思忠하며 事思敬하며
모 사 공　　　언 사 충　　　사 사 경

疑思問하며 忿思難하며 見得思義니라.
의 사 문　　　분 사 난　　　견 득 사 의

군자는 항상 생각하는 바가 아홉 가지 있다. 사물을 볼 때에는 분명하게 볼 것을 생각하고, 나의 말을 들을 때에는 총명하게 들을 것을 생각하고, 안색은 온화하게 할 것을 생각하고, 몸가짐은 공손하게 할 것을 생각하고, 말은 진실하게 할 것을 생각하고, 일은 신중하기를 생각하고, 의심이 들 때에는 물어볼 것을 생각하고, 화가 날 때에는 뒤에 겪을 어려움을 생각하고, 이득을 보았을 때에는 의로운 것인지를 생각한다.

君	子	有	九	思	視	思	明	聽	思
임금 군	아들 자	있을 유	아홉 구	생각 사	볼 시	생각 사	밝을 명	들을 청	생각 사
聰	色	思	溫	貌	思	恭	言	思	忠
귀 밝을 총	빛 색	생각 사	따뜻할 온	모양 모	생각 사	공손할 공	말씀 언	생각 사	충성 충
事	思	敬	疑	思	問	忿	思	難	見
일 사	생각 사	공경 경	의심할 의	생각 사	물을 문	성낼 분	생각 사	어려울 난	볼 견
得	思	義							
얻을 득	생각 사	옳을 의							

陽貨篇
양화편

唯上知與下愚는 不移니라.
유 상 지 여 하 우 불 이

오직 가장 지혜로운 사람과 가장 어리석은 사람은 변하지 않는다.

唯	上	知	與	下	愚	不	移		
오직 유	윗 상	알 지	더불 여	아래 하	어리석을 우	아닐 불	옮길 이		

번지가 인에 대해 묻자, 공자께서 말씀하셨다.
"사람을 사랑하는 것이다."
번지가 지에 대해 묻자, 공자께서 말씀하셨다.
"사람을 아는 것이다."
번지가 이 말을 깨닫지 못하자 공자께서 말씀하셨다.
"정직한 사람을 등용하여 삐뚤어진 사람 위에 두면 삐뚤어진 사람도 곧은 사람으로 만들
수 있다."
번지가 물러나와 자하를 보고 말하였다.
"내가 선생님을 뵙고 지에 대해 여쭈어 보자 선생님은 '정직한 사람을 등용하여 삐뚤어
진 사람 위에 두면 삐뚤어진 사람도 곧게 할 수 있다' 고 하셨는데 무슨 뜻인가?'
자하가 말하였다.
"많은 의미가 함축된 말씀이오. 순임금이 천하를 차지하자 무리 중에서 고요를 등용하시
니 어질지 못한 이는 멀어졌고, 탕왕이 천하를 차지하자 무리 중에서 이윤을 등용하니 어
질지 못한 자는 멀리 떠나버렸소."

— 논어 안연편

道聽而塗說이면 德之棄也니라.
도 청 이 도 설   덕 지 기 야

길에서 들은 이야기를 길에서 이야기해 버리는 것은 덕을 버리는 것과
같다.

道	聽	而	塗	說	德	之	棄	也	
길 도	들을 청	말 이을 이	길 도	말씀 설	덕 덕	갈 지	버릴 기	어조사 야	

공자께서 말씀하셨다.
"반드시 명분을 바로잡겠다."
자로가 말하였다.
"선생님은 세상물정을 모르십니다. 어떻게 바로잡으려고 하십니까?"
공자께서 말씀하셨다.
"유야! 참으로 사리에 어둡구나. 군자는 자신이 알지 못하는 일은 말하지 않고, 의문으로
남겨두는 법이다. 명분이 바르지 않으면 말이 이치에 닿지 않아 일이 이루어지지 못하고
일이 이루어지지 못하면 예와 악이 일어나지 못하고 예와 악이 일어나지 못하면 형벌이
들어맞지 아니하며 형벌이 들어맞지 못하면 백성이 옳고 그름을 알지 못하게 된다. 그러
므로 군자가 명분을 세우면 반드시 말이 통하고 말이 통하면 행동에 옮길 수 있다. 군자
는 말을 할 때 소홀함이 없어야 한다.

— 논어 자로편

君子義以爲上이니
군 자 의 이 위 상

君子有勇而無義면 爲亂이요
군 자 유 용 이 무 의 위 란

小人이 有勇而無義면 爲盜니라.
소 인 유 용 이 무 의 위 도

군자는 의를 으뜸으로 여기니, 군자가 용맹스러움만 있고 의가 없으면
난을 일으키고, 소인이 용맹스러움만 있고 의가 없으면 도둑질을 하게
된다.

君	子	義	以	爲	上	君	子	有	勇
임금 군	아들 자	옳을 의	써 이	할 위	윗 상	임금 군	아들 자	있을 유	날랠 용
而	無	義	爲	亂	小	人	有	勇	而
말 이을 이	없을 무	옳을 의	할 위	어지러울 란	작을 소	사람 인	있을 유	날랠 용	말 이을 이
無	義	爲	盜						
없을 무	옳을 의	할 위	도둑 도						

吾日三省吾身하노니 爲人謀而不忠乎아
與朋友交而不信乎아 傳不習乎아.
主忠信하며 無友不如己者요
過則勿憚改니라.

君子는 周而不比하고 小人은 比而不周니라.
學而不思則罔하고 思而不學則殆니라.

先行其言이요 而後從之니라.
溫故而知新이면 可以爲師矣니라.
君子는 不器니라.

吾十有五而志于學하고
三十而立하고 四十而不惑하고
五十而知天命하고 六十而耳順하고
七十而從心所欲하여 不踰矩하라.

放於利而行이면 多怨이니라.
君子는 喩於義하고 小人은 喩於利니라.
見賢思齊焉하며
見不賢而內自省也니라.

巧言令色足恭을 左丘明恥之하니
丘亦恥之하노라.
匿怨而友其人을 左丘明恥之하니
丘亦恥之하노라.

不仁者는 不可以久處約이며
不可以長處樂이니
仁者는 安仁하고 知者는 利仁이니라.

惟仁者이 能好人하며 能惡人이니라.
朝聞道면 夕死可矣니라.
君子는 懷德하고 小人은 懷土하며
君子는 懷刑하며 小人은 懷惠니라.

子張篇
자장편

士見危致命하며 見得思義하며
사 견 위 치 명　　　　견 득 사 의

祭思敬하며 喪思哀면 其可已矣니라.
제 사 경　　　　상 사 애　　　기 가 이 의

선비는 나라가 위태롭고 위기에 처하면 목숨을 바치고, 이익이 되는 일이
눈앞에 나타나면 도리에 맞는지를 생각하며, 제사를 지낼 때는 공경함을
생각하고, 상을 당했을 때는 슬픔을 생각한다면 됐다고 할 수 있다.

士	見	危	致	命	見	得	思	義	祭
선비 사	볼 견	위태할 위	이를 치	목숨 명	볼 견	얻을 득	생각 사	옳을 의	제사 제

思	敬	喪	思	哀	其	可	已	矣	
생각 사	공경 경	잃을 상	생각 사	슬플 애	그 기	옳을 가	이미 이	어조사 의	

小人之過也는 必文이니라.
소 인 지 과 야   필 문

소인은 잘못을 저지르면 반드시 꾸며댄다.

小	人	之	過	也	必	文			
작을 소	사람 인	갈 지	지날 과	어조사 야	반드시 필	글월 문			

공자께서 말씀하셨다.
"천하에 도가 행해지면 예악과 정벌이 천자로부터 나오고, 천하에 도가 행해지지 않으면 예악과 정벌이 제후로부터 나온다. 제후로부터 나오게 되면 대체로 십 대 안에 정권을 잃지 않는 일이 드물고, 그것이 대부로부터 나오게 되면 오 대 안에 정권을 잃지 않는 일이 드물며, 가신이 나라의 대권을 잡으면 삼 대 안에 정권을 잃지 않는 일이 드물다. 천하에 도가 행해지면 정권이 대부에게 있을 리 없고, 천하에 도가 행해지면 뭇 백성들이 정치를 논하지 않는다."

— 논어 계씨편

君子는 信而後에 勞其民이니
군자 신 이 후 노 기 민
未信則以爲厲己也니라.
미 신 즉 이 위 려 기 야
信而後에 諫이니 未信則以爲謗己也니라.
신 이 후 간 미 신 즉 이 위 방 기 야

군자는 신뢰를 얻은 후에 그 백성들을 부려야 한다. 신뢰를 얻지 못한 상태에서 백성들을 부리면, 자기를 학대한다고 생각한다. 또한 아랫사람도 신임을 받은 후에 간언을 해야 한다. 신임을 받지 못한 상태에서 간언하면 자기를 비방한다고 생각한다.

君	子	信	而	後	勞	其	民	未	信
임금 군	아들 자	믿을 신	말 이을 이	뒤 후	일할 노	그 기	백성 민	아닐 미	믿을 신
則	以	爲	厲	己	也	信	而	後	諫
곧 즉	써 이	할 위	갈 려	몸 기	어조사 야	믿을 신	말 이을 이	뒤 후	간할 간
未	信	則	以	爲	謗	己	也		
아닐 미	믿을 신	곧 즉	써 이	할 위	헐뜯을 방	몸 기	어조사 야		

지지자불여호지자
호지자불여락지자

知之者不如好之者
好之者不如樂之者

아는 사람은 좋아하는 사람만 못하고,
좋아하는 사람은 즐기는 사람만 못하다.

피할 수 없으면 즐겨라.
아는 자는 결코 좋아하는 사람을 이길 수
없고, 좋아하는 자는 결코 즐기는 자를 이
길 수 없으니 어떤 일이든 즐기면서 하는
사람이 승리한다는 의미랍니다.

- 논어 옹야편